Dieses Buch

Mateo fliegt in den Urlaub

(deutsch - spanische Ausgabe)

1. Auflage 2020

Text und Buch: Finn Hansen

Illustrationen: Alejandra Moreno

ISBN: 9798553919870



Bei Fragen oder Anregungen schreiben Sie gern an Info@Foxinar.com

Mateo und seine Mutter packen ihre Sachen für den Urlaub auf Mallorca. Mama erklärt Mateo, dass man das doppelte L im spanischen wie ein J ausspricht und es „*Majorca*“ heißt. Es ist die erste Reise für Mateo und seine kleine Schwester Sofia mit einem Flugzeug in den Urlaub.

Mateo ist mächtig aufgeregt. Morgen früh geht es mit dem Flugzeug los. Aber vorher müssen noch die Koffer gepackt werden. Mateo möchte beim Packen seines Koffers helfen und sucht seine Lieblingssachen zusammen.

Mama fragt ihn: „Was muss denn alles mit?“ Mateo denkt nach. „Überlegen wir doch einmal, was wir brauchen, wenn wir angekommen sind und abends ins Bett gehen“, sagt Mama.

„Wenn ich ins Bett gehe brauche ich meinen Schlafanzug“, sagt Mateo stolz. „Genau, wir nehmen lieber zwei Schlafanzüge mit, mein Schatz.“

„Dann brauchen wir noch T-Shirts, Unterhosen und Socken. Wir nehmen aber nur ein paar Socken mit, es wird ja warm sein. Die Sandalen und Badeschuhe kannst du auch ohne Socken anziehen“, erklärt Mama.

„Drei Pullover für abends packen wir auch noch ein“, sagt Mama, „und deine Badehosen.“

Mateo y su madre empacan sus cosas para unas vacaciones en Mallorca. Mamá le explica a Mateo que en español la doble L se pronuncia como una J y se llama „*Majorca*“. Es el primer viaje de Mateo y su hermana menor Sofía en avión hacia los vacaciones.

Mateo está muy emocionado. El avión partirá mañana por la mañana. Pero primero hay que hacer las maletas. Mateo quiere ayudar a empacar su maleta y está buscando sus cosas favoritas.

Mamá le pregunta: "¿Qué tenemos que llevar?", Mateo está pensando. "Pensemos en lo que necesitamos cuando lleguemos y vayamos a la cama por la noche", dice mamá.

"Cuando me voy a la cama necesito mi pijama", dice Mateo con orgullo. "Exactamente, preferimos llevarnos dos pijamas, cariño."

"Entonces necesitamos unas camisetas, unos calzoncillos y unos calcetines.  Sólo nos vamos a llevar un par de calcetines, hará calor. De hecho puedes ponerte las sandalias y las chancletas de baño sin calcetines", dice mamá.

"También empacamos tres suéteres para la noche", dice Mamá, „y naturalmente tus bañadores.“

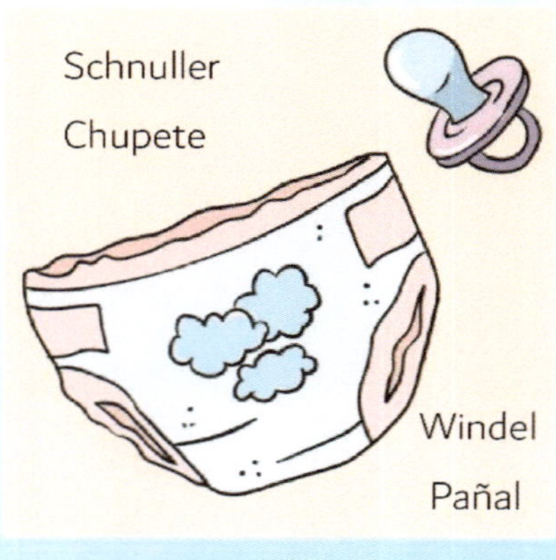


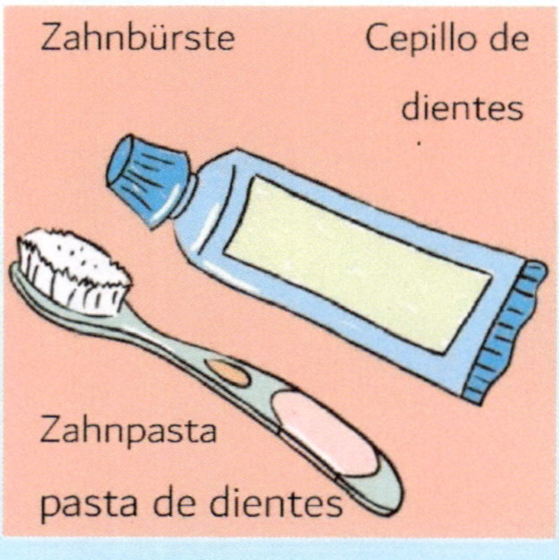

Mama packt außerdem noch Handtücher und Sonnencreme ein. In den Kulturbeutel packt sie die Zahnbürste, den Zahnputzbecher, Zahnpasta und einen Waschlappen.

Mateo braucht keine Windeln und keinen Schnuller mehr. Für seine kleine Schwester packt Mama aber welche ein, genau wie eine Packung Feuchttücher.

„Und für den Flieger packen wir eine dünne Jacke ein, da ist es immer so kalt", meint Mama.

Mateo packt auch einen eigenen kleinen Rucksack. Darin verstaut er seine Lieblingsbücher und seine Buntstifte, einen Block mit Papier und einen Anspitzer. Zuletzt kommt der Teddybär in die Tasche, so dass er aus dem Rucksack schauen kann.

Mamá también empaca unas toallas y protector solar. Pone el cepillo de dientes, la taza del cepillo de dientes, la pasta de dientes y una toallita en la bolsa de aseo.

Mateo ya no leva ningunos pañales ni necesita chupetes. Para su hermana menor, mamá empaca ambas cosas y además un paquete de toallitas húmedas.

"Y empacamos una chaqueta ligera para el avión, siempre hace mucho frío allí", dice mamá.

Mateo también tiene su propia mochila pequeña. En ella guarda sus libros favoritos y sus lápices de color, un bloc de papel y un sacapuntas. Finalmente, el oso de peluche se lo pone en su bolso para poder mirar fuera de la mochila.

Am Abend ist Mateo ganz aufgeregt, morgen früh geht es los. Mama und Papa geben ihm einen Kuss und Mateo träumt schon einmal vom Fliegen, vom Meer und vom Strand.

Por la tarde Mateo está muy emocionado, mañana por la mañana saldrán. Mamá y papá le dan un beso y Mateo sueña con el vuelo, el mar y la playa.

Strand

Palme

Sonne

Sand

Sonnenschirm

Ball

Himmel

Playa

Palmera

Sol

Arena

Sombrilla

Pelota

Cielo

„Guten Morgen Mateo, aufstehen", weckt Mama leise die kleine Schlafmütze. Mama und Papa sind schon fleißig am zusammensuchen der letzten Sachen. Die Koffer sind auch schon im Auto und die Flugtickets liegen im Flur bereit.

Mateo ist noch ganz verschlafen und erinnert sich erst beim Frühstück daran, dass es heute in den Urlaub geht. Auf einmal ist er hellwach. „Oh, ich freue mich auf das Flugzeug", ruft er aufgeregt.

Nach dem Frühstück steigen alle vier in das Auto und fahren zum Flughafen. Die Fahrt dauert fast eine Stunde. Doch schon vor dem Ziel sieht Mateo einige Flugzeuge, wie sie ganz tief über die Dächer der Stadt fliegen.

"Buenos días Mateo, levántate", Mamá despierta al pequeño dormilón silenciosamente. Mamá y papá ya están ocupados buscando las últimas cosas. Las maletas ya están en el coche y los billetes de avión están preparados en el pasillo.

Mateo todavía tiene mucho sueño y solo recuerda en el desayuno que se va de vacaciones hoy. De repente está completamente despierto. "Oh, me da mucha ilusión ir en el avión", exclama emocionado.

Después del desayuno, los cuatro se suben al coche y se dirigen al aeropuerto. El viaje dura casi una hora. Pero antes del aterrizaje, Mateo ve algunos aviones volando muy bajo sobre los tejados de la ciudad.

Am Flughafen angekommen stellen sie das Auto im Parkhaus ab und schleppen alle Koffer mit zwei vollgepackten Kofferwagen in das große Gebäude.

Die riesige Halle ist voll mit Menschen die eilig Koffer hin und her schleppen.

„Als erstes müssen wir einchecken, Mateo", erklärt Papa. „Was bedeutet das?", will Mateo wissen. „Wir müssen unser Gepäck abgeben damit es in das Flugzeug gebracht werden kann. Und dann bekommen wir unsere Boardkarten, also so etwas wie unsere Fahrscheine, wie bei der U-Bahn. Dann wissen die Leute hier am Flughafen, dass wir mit dem Flugzeug nach Mallorca fliegen dürfen."
In der Schlange ist es für Mateo und Sofia ziemlich langweilig. Es geht so langsam voran.
Zum Glück ist Mateo noch etwas müde und kann sich bei Papa auf dem Arm einkuscheln. Sofia sitzt in ihrem Buggy.

Alle Koffer werden aufgegeben, nur Sofias Buggy nicht. „Kommt der Buggy nicht mit?", fragt Mateo traurig. „Doch Mateo, natürlich. Aber der Buggy ist zu groß für diesen Schalter. Wir müssen ihn zu einem Schalter für extra große Sachen bringen. Hier können auch Fahrräder, Surfbretter oder besonders große Taschen abgegeben werden", erklärt Papa.

Der Buggy ist schnell abgegeben, hier ist zum Glück keine lange Schlange.

Cuando llegan al aeropuerto, estacionan su automóvil en el estacionamiento y arrastran todas sus maletas al gran edificio con dos carritos de equipaje completamente empaquetadas.

El gran terminal está lleno de personas que se están apresurando a arrastrar las maletas de un lado a otro.

"Lo primero que tenemos que hacer es registrarnos, Mateo", explica papá. "¿Qué es eso?", Mateo quiere saber. "Tenemos que entregar nuestro equipaje para que pueda ser llevado al avión. Y luego recibiremos nuestras tarjetas de embarque, algo así como nuestros billetes, como en el metro. Entonces la gente aquí en el aeropuerto sabe que podemos volar a Mallorca en avión".
En la cola Mateo y Sofía se aburren. Va muy despacio. Afortunadamente, Mateo todavía está un poco cansado y puede acurrucarse en los brazos de papá. Sofía está sentada en su carrito.

Todas las maletas se registran, excepto el cochecito de Sofía. "¿No vamos a llevar el cochecito?", pregunta Mateo asombrado. "Pero Mateo, por supuesto. Pero el cochecito es demasiado grande para esta taquilla. Tenemos que llevarlo a un mostrador para cosas extragrandes. Aquí también se pueden entregar las bicicletas, tablas de surf o bolsas especialmente grandes", explica Papa.

El cochecito se entrega rápidamente, por suerte no hay una cola larga por aquí.

„So, jetzt müssen wir noch durch die Sicherheitskontrolle", sagt Mama. „Wieder so eine lange Schlange", denkt sich Mateo. „Was machen wir denn hier?", will er wissen.

„Hier werden alle Leute durchsucht, ob sie nicht etwas mit in das Flugzeug nehmen, dass gefährlich werden kann.
Wir müssen alle Sachen aus Metall in diese schwarzen Kisten legen."

Papa legt sein Portemonnaie, seine Uhr, etwas Kleingeld, die Schlüssel und seinen Gürtel in eine der Kisten.

"Así que ahora todavía tenemos que pasar por el control de seguridad", dice mamá. "Otra larga cola", piensa Mateo. "¿Qué estamos haciendo aquí?", quiere saber.

"Aquí se buscan a todas las personas para ver si están llevando algo al avión que puede ser peligroso.

Tenemos que poner todas las cosas de metal en estas cajas negras."

Papá pone su billetera, su reloj, algún cambio, las llaves y su cinturón en una de las cajas.

Mama legt ihre Handtasche in eine andere und nimmt ihr Tablet und ihr Telefon heraus.

Diese müssen in eine extra Kiste. Auch Mateos Rucksack wird auf das Band gelegt.

„Was passiert jetzt mit den Sachen?“, will Mateo wissen. „Die werden von diesem Apparat durchleuchtet, so kann die Frau da sehen was in den Taschen ist.“

Die Frau von der Sicherheitskontrolle sieht wie Mateo neugierig zu dem Bildschirm guckt. „Komm, ich zeig dir das Bild von deinem Rucksack“, sagt sie zu Mateo. Dann geht Mama mit Mateo durch das Tor und es piept. Mama hat vergessen ihre Halskette abzulegen. Das ist aber nicht schlimm. Papa geht mit Sofia auf dem Arm durch das Tor der Sicherheitskontrolle. Die Frau zeigt Mateo nun das Bild. Alles sieht sehr merkwürdig aus. „Ich erkenne gar nicht was das ist“, sagt Mateo leise. „Das hier sind deine Stifte. Du hast doch Stifte eingepackt, zum Malen, oder?“, erwidert die Frau. Mateo nickt.

Als alle durch die Kontrolle gegangen sind, packen sie ihre Sachen wieder ein und Mateo winkt der netten Frau. „Hab einen schönen Urlaub‘, ruft sie Mateo zu. „Woher weiß sie nur das wir in den Urlaub fliegen?“, denkt sich Mateo.

Auf einem großen Bildschirm stehen ganz viele Zahlen und Buchstaben. „Guck mal, das ist unser Flug“, sagt Papa und zeigt auf den Monitor. „Wir müssen zu Gate C17. Da lang!“ Der Weg zum Gate ist sehr lang und Mateo ist froh als sie endlich angekommen sind.

Mamá pone su bolso de mano en otro y saca su tableta y teléfono.

Estos deben ponerse en una caja extra. La mochila de Mateo también se coloca en la cinta transportadora.

"¿Qué pasa con las cosas ahora?", Mateo quiere saber. "Serán controladas por este dispositivo, para que la mujer pueda ver lo que hay en sus bolsos."

El guardia de seguridad ve a Mateo mirando con curiosidad la pantalla. "Vamos, te mostraré la foto de tu mochila", le dice a Mateo. Entonces mamá entra por la puerta con Mateo y se emite un pitido. Mamá se olvidó de quitarse el collar.
Pero eso no es grave. Papá camina por la puerta de control de seguridad con Sofía en sus brazos. La mujer le muestra a Mateo la foto. Todo se ve muy extraño. "Ni siquiera sé qué es eso", dice Mateo en voz baja. "Estas son tus plumas. Empacaste lápices para pintar, ¿no? ", responde la mujer. Mateo asiente con la cabeza.

Cuando todos han pasado por los controles, vuelven a empacar sus cosas y Mateo le saluda a la linda mujer. "Que tengas unas buenas vacaciones", le llama a Mateo. "¿Cómo sabe ella que nos vamos de vacaciones?", piensa Mateo.

Hay muchos números y letras en una pantalla grande. "Mira, este es nuestro vuelo", dice Papa, señalando al monitor.
“Tenemos que ir a la puerta C17. Por aquí!” El camino hacia la puerta es muy largo y Mateo está feliz cuando finalmente llegan.

Am Gate müssen sie warten bis das Flugzeug fertig zum Einsteigen ist.

Er sieht einen Jungen und zwei Mädchen, die auch warten und sich langweilen. Sie wollen auch nach Mallorca fliegen. Als Mateo mit Papa und Sofia zur großen Scheibe geht, kommen die anderen Kinder auch und gucken sich die vielen Flugzeuge an. „Fliegst du auch nach Mallorca?", will der Junge wissen. Mateo sagt stolz: „Ja, mit dem großen Flugzeug!"

„Beim Start kribbelt es ganz toll im Magen, wenn der Pilot Vollgas gibt", erzählt der Junge. „Ich bin schon fünf Mal in den Urlaub geflogen", Mateo staunt.

Zusammen zählen die neuen Freunde die Flugzeuge: „Sechs, sieben, acht, neun, zehn."

Dann zählen sie die Koffer auf den Wagen, doch bei zwanzig hören sie auf. „Das sind bestimmt hundert oder tausend Koffer", sagt der Junge.

Da kommt plötzlich eine Durchsage über die Lautsprecher:

„Sehr verehrte Damen und Herren, Ihr Flug nach Palma de Mallorca ist nun zum Einsteigen bereit. Bitte lassen Sie Familien mit Kindern zuerst einsteigen."

Mateo stellt sich mit Mama, Papa und Sofia in die Schlange zu vielen anderen Familien, die auch in den Urlaub fliegen wollen. Papa zeigt der Dame die Bordkarten und die Ausweise.

„Einen guten Flug", wünscht die Dame und Mateo läuft die lange Brücke zum Flugzeug entlang.

En la puerta tienen que esperar hasta que el avión esté listo.

Ve a un niño y dos niñas que también están esperando y aburriendose. También quieren volar a Mallorca. Cuando Mateo va al gran ventanal con papá y Sofía, los otros niños también vienen y miran los muchos aviones. "¿También vas a Mallorca?", quiere saber el niño. Mateo dice orgullosamente: "¡Sí, con el gran avión!"

"Al principio, se siente un hormigueo muy bueno en el estómago cuando el piloto pisa el acelerador a fondo", dice el niño. " He estado de vacaciones cinco veces", Mateo está asombrado.

Juntos, los nuevos amigos cuentan los aviones: "Seis, siete, ocho, nueve, diez."

Luego cuentan las maletas en el auto, pero se detienen a las veinte. "Definitivamente hay cientos o mil maletas", dice el niño.

Entonces, de repente, se emite un anuncio por los altavoces:

"Estimados señores y señoras, su vuelo a Palma de Mallorca ya está listo para abordar. Por favor, dejen que las familias con niños entren primero."

Mateo hace cola con mamá, papá y Sofía con muchas otras familias que también quieren volar de vacaciones. Papá muestra las tarjetas de embarque y las tarjetas de identificación a la señora.

"Que tengas un buen vuelo", le desea la señora y Mateo corre a lo largo del largo puente hacia el avión.

Am Ende des Ganges erreichen sie das Flugzeug. Eine Stewardess und ein Steward, so nennt man die Flugbegleiter, warten am Eingang und begrüßen die Fluggäste.
Alle Kinder bekommen sogar ein Blatt Papier mit einem Flugzeug zum Ausmalen und eine kleine Packung Stifte geschenkt. Mateo freut sich sehr darüber.

„Hier sind unsere Sitze! Reihe 7, Platz A, B, C und Reihe 8, Platz C", sagt Mama. Sie verstaut ihre Handtasche in einem Fach an der Decke und legt Mateos Rucksack unter einen Sitz. „Möchtest du am Fenster sitzen, Mateo?", fragt Papa. „Ja!", ruft Mateo begeistert und klettert auf den Sitz. Er drückt seine Nase ans Fenster und beobachtet das Treiben auf dem Flughafen. Neben ihm sitzt Sofia. Mama und Papa sitzen am Gang.

Al final del pasillo llegan al avión. Una azafata y un azafato, como se llama a los auxiliares de vuelo, esperan en la entrada y saludan a los pasajeros.

Todos los niños incluso reciben una hoja de papel con el dibujo de un avión para pintar y un pequeño paquete de lápices de color. Mateo está muy feliz por eso.

"¡Aquí están nuestros asientos! Fila 7, asientos A, B, C y fila 8 C ", dice Mama. Ella guarda su bolso en un compartimento en el techo y coloca la mochila de Mateo debajo de un asiento. "¿Te gustaría sentarte junto a la ventana, Mateo?", pregunta papá. "¡Sí!", Mateo llama entusiasmado y se sube al asiento. Presiona la nariz contra la ventana y observa lo que sucede en el aeropuerto. Sofía y mamá están sentadas a su lado. Papá está sentado junto al pasillo detrás de ellos.

Mateo darf schon selbst auf einem eigenen Platz sitzen. Darum muss er sich wie alle anderen anschnallen. Die Stewardess zeigt wie dies richtig gemacht wird. Und da rollt das Flugzeug auch schon los. „Wir fahren ja rückwärts“, stellt Mateo fest. „Ja genau“, erklärt Mama, „Wir werden rückwärts geschoben, weil das Flugzeug keinen Rückwärtsgang hat.“

Dann erreicht das Flugzeug die Startbahn. Mateo ist schon ganz aufgeregt und hält die Hand von Sofia. „Keine Angst, Mateo. Gleich geht's los und kribbelt im Bauch“, sagt Mama.

„Das hatte der Junge ja auch gesagt“, denkt sich Mateo.

Als der Pilot Vollgas gibt wird es laut und das Flugzeug fährt los. Es wird schneller und immer schneller. Und dann hebt es langsam ab. Mateos Bauch kribbelt wirklich und als das Flugzeug abhebt wird er in den Sitz gedrückt. „Wie in der Achterbahn“, jubelt Mateo. Die Angst ist längst vergessen. Auch Sofia lacht.

Als Mateo aus dem Fenster sieht, bemerkt er das die Autos und Häuser immer kleiner werden.

Er sieht noch die Elbe, den Michel und den Hafen, bevor das Flugzeug in einer weißen Wolke verschwindet.

Das Flugzeug durchbricht nach wenigen Minuten die Wolkendecke und die Sonne scheint fröhlich durch das kleine Fenster.

„Hier Mateo, trink etwas, das ist gut für deine Ohren! Du auch Sofia“, sagt Mama und reicht ihnen ihre Trinkflaschen.

Mateo puede sentarse en su propio asiento. Es por eso que tiene que abrocharse el cinturón como todos los demás. La azafata muestra cómo se hace esto correctamente. Y entonces el avión ya está rodando. "Vamos hacia atrás", dice Mateo. "Sí, exactamente", explica mama, “Nos están empujando hacia atrás porque el avión no tiene marcha atrás".

Entonces el avión llega a la pista. Mateo está muy emocionado y está sosteniendo la mano de Sofía. "No te preocupes, Mateo. Está a punto de comenzar y hormiguea en el estómago", dice Mamá.

“El niño también había dicho eso”, piensa Mateo.

Cuando el piloto acelera a fondo, se hace un ruido y el avión despega. Se está volviendo cada vez más rápido. Y luego despega lentamente. El estómago de Mateo realmente hormiguea y cuando el avión despega, él está empujado al asiento. "Como en una montaña rusa", dice Mateo dando gritos de júbilo. Ya se acabó el miedo hace mucho tiempo. Sofía también se ríe.

Cuando Mateo mira por la ventana, se da cuenta de que los coches y las casas se vuelven cada vez más pequeños.

Él ve el Elba, el Michel y el puerto antes de que el avión desaparezca en una nube blanca.

El avión sale de la capa de nubes después de algunos minutos y el sol brilla alegremente a través de la ventanilla.

"Aquí Mateo, bebe un poco, ¡eso es bueno para tus oídos! Tú también, Sofía”, dice mamá y les entrega sus cantimploras.

„Es hat im Ohr geknackt", sagt Mateo. „Das ist beim Fliegen so, trink ruhig ab und zu etwas, dann geht es weg", sagt Mama.

Schon nach kurzer Zeit wird Mateo ein wenig langweilig und er wird unruhig. „Hier Mateo, möchtest du malen?", Mama reicht Mateo das Blatt von der Flugbegleiterin. „Du kannst deinen Tisch runter klappen, schau."

Mama klappt den kleinen Tisch vor Mateo herunter und er fängt an das Flugzeug rot und blau anzumalen. „Hier unten ist eine grüne Wiese und die Sonne ist gelb", erklärt Mateo.

"Está chasqueando en el oído", dice Mateo. "Así es cuando se vuela, bebe algo de vez en cuando, luego se va desapareciendo", dice Mamá.

Después de un ratito, Mateo se aburre un poco y se inquieta. "Aquí Mateo, ¿te gustaría pintar?", Mamá le da a Mateo la hoja de papel de la azafata. "Puedes doblar tu mesa, mira".

Mamá dobla la mesita frente a Mateo y él comienza a pintar el avión de rojo y azul. "Hay un prado verde aquí abajo y el sol es amarillo", explica Mateo.

Doch auch das Malen wird schnell langweilig und Mateo schaut sich sein Treckerbuch an. Sofia lutscht an einem Brötchen und ist zufrieden.

Pero la pintura también empieca a aburrirle rápidamente y Mateo mira su libro de tractores. Sofía chupa un bollo y está satisfecha.

Als Mateo so hin und her blättert werden seine Augen langsam müde. Es war schon ein aufregender und anstrengender Tag. Kurz darauf schläft Mateo ein. Mama legt einen Pullover als Kissen unter seinen Kopf.

Al hojear las páginas sus ojos se cansan lentamente. Ha sido un día emocionante y agotador. Poco después, Mateo se duerme. Mamá le pone un suéter como almohada debajo de la cabeza.

Auch als die Flugbegleiter ein Sandwich und etwas zu trinken bringen, schläft Mateo weiter. Erst als das Flugzeug schon über dem Mittelmeer ist, wacht Mateo auf.

Incluso cuando las azafatas traen un bocadillo y algo para beber, Mateo sigue durmiendo. Sólo cuando el avión ya está sobre el Mediterráneo, Mateo se despierta.

„Hallo Mäuschen, hast du schön geschlafen?“, fragt Mama. „Wir sind schon über dem Meer, bald sind wir da.“

"Hola cariño, ¿has dormido bien?", pregunta mamá. "Ya estamos sobre el mar, pronto llegaremos".

Wenig später beginnt der Landeanflug. Mateo trinkt wieder aus seiner Flasche und isst das Brot, dass Mama ihm aufgehoben hat.

El vuelo de aproximación comienza un poco más tarde. Mateo vuelve a beber de su botella y come el bocadillo que mamá ha recogido para él.

„Guck mal, dass da unten ist schon Mallorca“, zeigt ihm Papa. „Hier rechts die Berge und links die Felder.“

"Mira, allí está Mallorca", le muestra Papá. "Aquí las montañas a la derecha y los campos a la izquierda."

Mateo sieht viele Autos und ist begeistert wie viele Häuser einen Swimmingpool haben.

Mateo ve muchos coches y se sorprende de la cantidad de casas que tienen una piscina.

„Das sieht ja ganz anders aus als zuhause“, stellt Mateo fest. „Wir sind ja auch ganz schön weit weg von zuhause“, antwortet Papa.

"Aquí el paisaje tiene un aspecto muy distinto", afirma Mateo. "Estamos bastante lejos de nuestra casa", responde Papá.

Kurz vor der Landung sieht Mateo viele Windmühlen und eine Autobahn.

Poco antes de aterrizar, Mateo ve muchos molinos de viento y una carretera.

Als das Flugzeug landet, hopst Mateo kurz auf dem Sitz, dann bremst der Pilot stark, so dass Mateo nach vorne rutscht. Das Flugzeug rollt langsam an das Gebäude und hält an.

Cuando el avión aterriza, Mateo salta brevemente en el asiento, luego el piloto frena tan fuertemente que Mateo se desliza hacia adelante. El avión rueda lentamente hacia el edificio y se para.

Nach dem Aussteigen entdeckt Mateo gleich einen kleinen Spielplatz mit einem Feuerwehrauto. „Geh ruhig spielen, ich muss auf die Toilette“, sagt Mama.

Después de salir, Mateo descubre de inmediato un pequeño parque infantil con un camión de bomberos. "Ve a jugar tranquilamente, tengo que ir al baño", dice mamá.

Sie nimmt Sofia mit und macht ihr eine neue Windel. Als sie wieder kommt geht Papa mit Mateo auf die Toilette. „Wir fahren gleich noch mit dem Auto, dann gehen wir lieber jetzt pieschern“, sagt er.

Dann laufen alle vier quer durch den Flughafen zu den Gepäckbändern. „Der Flughafen ist ja riesig“, stellt Mateo fest.

Nach dem langen Sitzen tut die Bewegung gut und an den Gepäckbändern fahren schon nach kurzer Zeit die Koffer an ihnen vorbei. Papa holt alle Koffer und auch der Buggy liegt auf dem Gepäckband.

Ella se la lleva a Sofía y le pone un pañal nuevo. Cuando ella regresa, papá va al baño con Mateo. "Vamos a ir en coche de inmediato, entonces será mejor que nos orinemos ahora", dice.

Luego, los cuatro cruzan el aeropuerto hacia los carruseles de equipaje. "El aeropuerto es enorme", dice Mateo.

Después de estar sentado durante mucho tiempo, el movimiento es agradable y las maletas pasan por los carruseles de equipaje después de un ratito. Papá recoge todas las maletas y el cochecito está en el carrusel de equipaje.

Mit den Koffern gehen alle vier zu einem Mietwagenstand. Sie haben schon von zuhause aus einen Mietwagen reserviert. Die nette Dame füllt einige Formulare aus und nachdem Papa seine Kreditkarte und seinen Führerschein gezeigt hat, gibt ihnen die Dame einen Autoschlüssel. „Aber wo ist denn das Auto?“, fragt Mateo. „Das holen wir jetzt im Parkhaus ab“, erklärt Mama.

Zusammen gehen sie durch die Schiebetür aus dem Flughafen und spüren zum ersten Mal die Wärme.

Die Sonne scheint und Mateo freut sich. „Puh, ist das warm. Kann ich meinen Pullover ausziehen?“, fragt Mateo. „Ja natürlich!“, antwortet Mama.

Auf dem Weg zum Parkhaus sieht Mateo die vielen Busse und einige Palmen. Alles sieht so anders aus.

Das Auto ist schnell abgeholt und alle Koffer verstaut. Schon auf den ersten Kilometern der Fahrt kommt Mateo aus dem Staunen nicht mehr heraus.

„Wenn alles hier so aufregend ist wie die Reise, wird das ein super Urlaub!“, sagt Mateo laut.

„Und wenn es jeden Tag so heiß ist, dann brauche ich auch jeden Tag ein Eis!“, fügt er hinzu und alle müssen lachen.

Con las maletas, los cuatro van a un puesto de alquiler de coches. Ya reservaron un coche de alquiler desde su casa. La simpática señora rellena algunos formularios y después de que papá ha mostrado su tarjeta de crédito y su licencia de conducir, la señora le da la llave del coche. "¿Pero dónde está el coche?", pregunta Mateo. "Vamos a recogerlo en el estacionamiento ahora", explica mamá.

Juntos salen del aeropuerto por la puerta corrediza y sienten el calor por primera vez.

El sol brilla y Mateo está feliz. "Uf, hace calor. ¿Me puedo quitar el suéter?" Mateo pregunta. "¡Sí, por supuesto!", dice Mamá.

En el camino al estacionamiento, Mateo ve los numerosos autobuses y algunas palmeras. Todo se ve muy diferente.

El automóvil se recoge rápidamente y todas las maletas se guardan. Incluso en los primeros kilómetros del viaje, Mateo está asombrado.

"Si todo aquí es tan emocionante como el viaje, ¡serán unas excelentes vacaciones!", dice Mateo en voz alta.

"Y si hace tanto calor todos los días, ¡entonces necesito un helado todos los días!", agrega y todos tienen que reírse.

# VOKABELSALAT

| | |
|---|---|
| Die Milch | La leche |
| Der Löffel | La cuchara |
| Das Messer | El cuchillo |
| Der Föhn | El secador de pelo |
| Die Uhr | El reloj |
| Der Teppich | La alfombra |
| Die Dusche | La ducha |
| Der Stuhl | La silla |
| Das Auto | El coche |
| Der Kopf | La cabeza |
| Die Biene | La abeja |
| Die Karotte | La zanahoria |
| Der Schmetterling | La mariposa |
| Die Federtasche | El estuche |
| Das Klettergerüst | El trepador |
| Der Zaun | La valla |
| Der Mond | La luna |
| Die Straße | La calle |
| Der Sommer | El verano |
| Der Schulranzen | La mochila |
| Die Muschel | La concha |
| Der Arm | El brazo |
| Die Oma | La abuela |
| Der Lastwagen | El camión |
| Der Buntstift | El lápiz de color |
| Das Dach | El techo |
| Das Huhn | La gallina |
| Die Hand | La mano |
| Der Vogel | El pájaro |
| Der Kreis | El círculo |

| | |
|---|---|
| Der Bagger | La excavadora |
| Das Handtuch | La toalla |
| Die Küche | La cochina |
| Der Löffel | La cuchara |
| Das Frühstück | El desayuno |
| Der Spiegel | El espejo |
| Der Kühlschrank | El frigorifico |
| Der Esel | El burro |
| Der Teller | El plato |
| Das Lätzchen | El babero |
| Der Salat | La lechuga |
| Das Bild | El cuadro |
| Das Flugzeug | El avión |
| Der Ball | La pelota |
| Der Wasserhahn | El grifo |
| Der Winter | El invierno |
| Das Bett | La cama |
| Das Fahrrad | La bicicleta |
| Der Handfeger | La escobilla |
| Die Schubkarre | La carretilla |
| Das Gemüse | La verdura |
| Die Farbe | El color |
| Die Gabel | El tenedor |
| Die Zahnbürste | El cepillo de dientes |
| Nach links | A la izquierda |
| Der Hochstuhl | La trona |
| Das Abendessen | La cena |
| Das Kissen | La almohada |
| Der Spaten | La pala |
| Das Brötchen | El panecillo/el bollo |

| | |
|---|---|
| Die Ampel | El semáforo |
| Der Hammer | El martillo |
| Die Schüssel | La cuenco |
| Der Bruder | El hermano |
| Die Kreide | La tiza |
| Der Eimer | El cubo |
| Nach rechts | A la derecha |
| Die Klebe (Klebstoff) | El pegamento |
| Der Fuß | El pie |
| Der Sand | La arena |
| Der Lichtschalter | El interruptor de la luz |
| Die Gurke | El pepino |
| Das Haus | La casa |
| Der Honig | La miel |
| Das Kleid | El vestido |
| Der Kugelschreiber | El bolígrafo |
| Die Bohrmaschine | La taladradora |
| Die Fischstäbchen | El palito de pescado |
| Das Wort | La palabra |
| Das Brett | La tabla |
| Das Mittagessen | El almuerzo |
| Der Rotwein | El vino tinto |
| Die Leiter | La escalera |
| Das Toilettenpapier | El papel higiénico |
| Der Apfelsaft | El zumo de manzana |
| Die Nase | La nariz |
| Das Müllauto | El camión de la basura |
| Die Fernbedienung | El mando a distancia |
| Das Pflaster | La tirita |
| Die Schlange (Tier) | La serpiente |
| Die Briefmarke | El sello |

| | |
|---|---|
| Die Bäckerei | La panadería |
| Das Eis | El helado |
| Das Schiff | El barco |
| Der Briefkasten | El buzón |
| Das Schaf | La oveja |
| Das Gras | La hierba |
| Die Schaukel | El columpio |
| Der Sessel | El sillón |
| Der Tuschkasten | La caja de pinturas |
| Die Ameise | La hormiga |
| Die Hose | Los pantalones |
| Die Pommes frites | Las patatas fritas |
| Der Schinken | El jamón |
| Der Fernseher | La televisión |
| Die (Schirm-)Mütze | La gorra |
| Der Besen | La escoba |
| Der Käse | El queso |
| Die Frau | La mujer |
| Die Kehrschaufel | El recogedor |
| Der Radiergummi | La goma de borrar |
| Der Zahn | El diente |
| Die Blumen | Las flores |
| Das Regal | El estante |
| Das Auge | El ojo |
| Die Gießkanne | La regadera |
| Die Lehrerin | La maestra |
| Das Spiegelei | El huevo frito |
| Der Marienkäfer | La mariquita |
| Der Liegestuhl | La tumbona |
| Die Unterhose | El calzoncillo |
| Das Brot | El pan |

| | |
|---|---|
| Die Zange | La tenaza |
| Der Mund | La boca |
| Der Igel | El erizo |
| Das Glas (trinken) | El vaso |
| Das Motorboot | La lancha a motor |
| Das Rechteck | El rectángulo |
| Der Kleiderschrank | El armario ropero |
| Das Lineal | La regla |
| Die Zahnpasta | La pasta de dientes |
| Die Schere | Las tijeras |
| Der Anhänger (Auto) | El remolque |
| Der Trecker | El agricultor |
| Die Bettdecke | La manta |
| Die Schaufel | La pala |
| Die Flasche | La botella |
| Der Kuss | El beso |
| Der Korkenzieher | El sacacorchos |
| Die Schildkröte | La tortuga |
| Die Erdbeere | La fresa |
| Die Schwester | La hermana |
| Die Lampe | La lámpara |
| Der Ofen | El horno |
| Die Krabbe | El cangrejo |
| Der Zug | El tren |
| Die Orange | La naranja |
| Der Parkplatz | El estacionamiento |
| Der Zucker | El azúcar |
| Das Holz | La madera |
| Der Pfirsich | El melocotón |
| Der Pullover | El suéter |
| Das Sandwich | El bocadillo |

| | |
|---|---|
| Die Palme | La palmera |
| Der Arzt | El doctor |
| Die Zitrone | El limón |
| Der (Filter-)Kaffee | El café |
| Die Brille | Las gafas |
| Der Tisch | La mesa |
| Das Buch | El libro |
| Der Schnuller | El chupete |
| Die Insel | La isla |
| Die Schlüssel | Las llaves |
| Die Apotheke | La farmacia |
| Kaffee mit Milch | Cafe con leche |
| Die Eier | Los huevos |
| Die Jacke | La chaqueta |
| Der Hund | El perro |
| Die Tomate | El tomate |
| Der (Wochen-)Markt | El mercado |
| Die Sonnencreme | El protector solar |
| Die Kekse | La galletas |
| Der Rucksack | La mochila |
| Der Turm | La Torre |
| Der Regen | La lluvia |
| Die Windel | El pañal |
| Das Pferd | El caballo |
| Der Koffer | La maleta |
| Der Himmel | El cielo |
| Der Spielplatz | El parque infantil |
| Der Orangensaft | El zumo de naranja |
| Der Baum | El árbol |
| Das Fleisch | El carne |
| Die Sonne | El sol |

| | |
|---|---|
| Der Fisch | El pescado |
| Die Klimaanlage | El aire acondicionado |
| Der Weißwein | El vino blanco |
| Die Qualle | La medusa |
| Der Mandelkuchen | El pastel de almendras |
| Der Swinningpool | La piscina |
| Der Opa | El abuelo |
| Der Flughafen | El aeropuerto |
| Die Maske | La mascarilla |
| Die Treppe | Las escaleras |
| Der Hafen | El puerto |
| Der Mann | El hombre |
| Das Segelboot | El velero |
| Die Mandel | La almendra |
| Das Wasser | El aqua |
| Die Taucherbrille | Las gafas de bucear |
| Die Oliven | las aceitunas |
| Das Bier | La cerveza |
| Die Dokumente | Los documentos |
| Die Tankstelle | La gasolinera |
| Der Stein | La piedra |
| Das Kartenspiel | El juego de cartas |
| Die Nudeln | La pasta |
| Der Fluss | El río |
| Der Gürtel | El cinturón |
| Der Berg | La montaña |
| Der Strand | La playa |
| Das Schwein | El cerdo |
| Die Tasche/Tüte | La bolsa |
| Stilles Wasser | Aqua sin gas |
| Die Post | El correo |

| | |
|---|---|
| Die Baustelle | El sitio de construcción |
| Espresso mit Milch | El cortado |
| Der Würfel | El dado |
| Der Geldautomat | El cajero automático |
| Das Kloster | El monasterio |
| Der Krankenwagen | La ambulancia |
| Mineralwasser | Aqua con gas |
| Das Restaurant | El restaurante |
| Die Zahnpasta | La pasta de dientes |
| Der Bauch | El vientre |
| Die Kerze | La vela |
| Der Fiebersaft | El jugo de la fiebre |
| Die Terrasse | La terraza |
| Die Sonnenbrille | Las gafas de sol |
| Die Tasse | La tazza |
| Die Postkarte | La postal |
| Die Katze | La gata |
| Der Supermarkt | El supermercado |
| Die Stadt | La ciudad |
| Die Kontaktlinse | El lente de contacto |
| Der Teddybär | El oso de peluche |
| Die Zahlen | Los números |
| Der Saft | El jugo/el zumo |
| Die Tabletten | Las tabletas |
| Die öffentliche Toilette | El baño público |
| Das Handy | El celular |
| Das Krankenhaus | el hospital |
| Die Kartoffel | la papa/la patata |
| Der (Kinder-)Buggy | El cochecito |
| Der Frisör | el peluquero |
| Die Höhlen | Las cuevas |

# EIGENER-VOKABELSALAT

| | |
|---|---|
| Das Beispiel | El ejemplo |
| | |
| | |
| | |
| | |
| | |
| | |
| | |
| | |
| | |
| | |
| | |
| | |
| | |
| | |
| | |
| | |
| | |
| | |
| | |
| | |
| | |
| | |
| | |
| | |
| | |
| | |
| | |
| | |
| | |

| | |
|---|---|
| | |
| | |
| | |
| | |
| | |
| | |
| | |
| | |
| | |
| | |
| | |
| | |
| | |
| | |
| | |
| | |
| | |
| | |
| | |
| | |
| | |
| | |
| | |
| | |
| | |
| | |
| | |
| | |
| | |
| | |

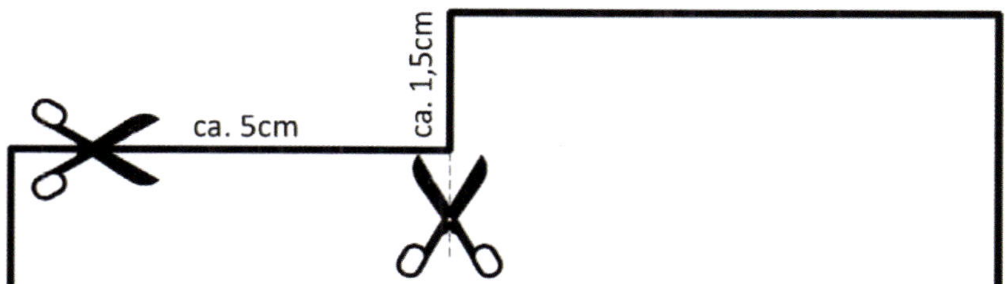


Bastel dir ein Lesezeichen mit dem du im
VOKABELSALAT
üben kannst.

Hágase un marcador que pueda utilizar en el
ENSALADA VOCABULAR
puede practicar.

Printed in Germany
by Amazon Distribution
GmbH, Leipzig

30255872R00016